AF201149

Hyazinth Holland

Erinnerungen an Ernst von Lasaulx

Hyazinth Holland

Erinnerungen an Ernst von Lasaulx

ISBN/EAN: 9783744617833

Hergestellt in Europa, USA, Kanada, Australien, Japan

Cover: Foto ©Thomas Meinert / pixelio.de

Weitere Bücher finden Sie auf **www.hansebooks.com**

ERINNERUNGEN

AN

ERNST VON LASAULX.

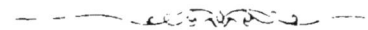

VON

Dr. H. HOLLAND.

München.

E. A. Fleischmann's Buchhandlung (A. Rohsold).

1861.

Ernst von Lasaulx.

Rastlos benutzend schönvereinte Kräfte.
Ein edler Ritter freigemuth im Bügel
Hieltst Du in fester Hand des Rechtes Zügel
Im Wortkampf vaterländischer Geschäfte.

Jedoch genährt durch attische Honigsäfte,
Entwichst Du gern auf jene heitern Hügel,
Wo auf platonischem Gedankenflügel
Du träumtest bei den Torsen jonischer Schäfte.

Was Du gelehrt, das bist Du auch geworden,
Was Du gefühlt, das hast Du ganz empfunden
Den schönen Süden und den ernsten Norden.

Du hast in Dir, was Ewiges Du gefunden
In Rom, in Hellas und im Christenorden
Zu Einem schönen Menschenbild verbunden.

Johannes Schrott.

I.

Wenn wir hier einem gefeierten Namen einige Blätter der Erinnerung weihen, so geschieht es sicherlich nicht mit der Anmassung, demselben damit auch ein würdiges Denkmal zu stiften, im Gegentheil hätten wir gerne gewünscht, dass diesem Amte eine andere und tüchtigere Kraft sich unterzogen hätte. Der Schreiber stand mit dem Verlebten leider in keiner näheren Beziehung, als dass er einige Semester zu dessen Füssen gesessen und seiner belebenden und anregenden Vorträge sich erfreute. Wir bekennen es offen und freudig, im Gefühle der innigsten Dankbarkeit: er hat uns und noch unzählige Andere von jugendlich kräftigem Wollen begeistert und den Keim zu eigenem Schaffen und selbständiger Thätigkeit gelegt.

Was den biographischen Theil betrifft, so vermögen wir nur wiederzugeben, was uns theils durch seine eigenen Mittheilungen, theils durch anderweitig eingeholte Erzählungen kundbar geworden. Ein kritelndes Eingehen auf seine Systeme und sein politisches Wirken liegt uns ferne, über erstere ist wohl Jeder im Stande, sich ein Urtheil zu bilden, wenn er mit redlichem Gemüthe die sicher nicht übel belohnte Zeit daran setzen will, seine Werke zu studieren, über letzteres wird ein ihm darin geistesverwandter Freund und gleichmarkiger Charakter die Lasaulx'sche Wirksamkeit beleuchten.

Mit sonnenhellem Jugendmuthe erzählt Lasaulx sein früheres Leben bei Anlass seiner Doctorpromotion, wie er (geboren zu Coblenz am 16. März 1805) im elterlichen

Hause *) den ersten Unterricht genossen, wie er bald den
Robinson und die Geschichte der Entdeckung Amerika's
gelesen, dann das Gymnasium durchlaufen habe, wo Karl
Ruckstuhl und besonders der vortreffliche Director
Christian Schlosser **) die wahren Keime der Humanität
und Sittlichkeit in das reiche empfängliche Gemüth des
Knaben pflanzen. Er erzählt, wie er im Jahre 1824 zu
Bonn unter Niebuhr, Schlegel und Welker seine
klassischen Studien begonnen habe, dann an die damals im
höchsten Rufe stehende Universität München übersiedelte,
wo Schelling mit seiner Theorie von den Weltaltern,
Görres mit den Vorträgen über Philosophie der Mythologie
und Universalgeschichte und Franz v. Baader mit seiner
tiefsinnigen Speculation seine volle Aufmerksamkeit in An-
spruch nahmen. Er kam mit diesen Männern, die sich mit
den grössten Problemen des Lebens trugen, bald in per-
sönlichen Verkehr und verlebte in ihrer Nähe zwanzig
glückliche Monate. Dann, nachdem er so an der Quelle

---

*) Die aus dem Luxemburg'schen stammende Familie hiess früher
van der Weyden (de la saule). Der Vater unseres Ernst, der Bauin-
spector Johann Claudius v. Lasaulx hat eine grosse Anzahl schöner romanischer und spitzbogiger Kirchen in den Rheinlanden gebaut, die
Modelle davon waren 1847 zu Mainz bei der dortigen Architectenver-
sammlung ausgestellt: mit Dronke hat derselbe das Werk: die Mat-
thias Kapelle bei Cobern, Coblenz 1837 und später allein nach Hoff-
stadts Tode dessen Nachlass publicirt. Johann Claudius starb 1849.
— Unter den frühern Gliedern der Familie erscheint 1803 ein Oheim
A. Lasaulx mit einem »histor. topogr. Versuch über Lützel-Koblenz«
als Schriftsteller, dessgleichen ein Friedrich Lasaulx als Dichter,
Uebersetzer und Jurist; von ihm: Histor. Taschenbuch. 1802. Albano
Giuletto, ein Roman, 1803. Liebessang im Frühling, in der Münchener Aurora. 1804. S. 242. Ausons Gedicht von der Mosel, metrisch
übersetzt. 1807. Annalen der Gesetzgebung Napoleons. 1808. Gründ-
ung der Republik, Ode aus dem Franz. des Masson u. s. w.
**) Ueber diesen damals von der preussischen reactionären Bü-
reaukratie vielverfolgten Mann vgl. Görres: In Sachen der Rheinpro-
vinz. Stuttgart. 1822. S. 135.

der alten Weisheit und Wahrheit getrunken, zog es ihn
mächtig hinaus in die Welt. Er hatte die zu Bonn auf-
genommene Philosophie des klassischen Alterthums nun
auch ergänzt und die mächtigsten Denker des Christenthums, von Dionysius dem Areopagiten an bis auf Jacob
Böhme herab, gründlich kennen gelernt. vor Allen aber zog
ihn einer an, der räthselhafte Meister E ck h a r t, unstreitig
einer der grösten Geister aller Zeiten. Dieser grandiose
hochfliegende Philosoph. der († 1329 zu Cöln) die deutsche
Speculation zuerst begründete und ein in sich abgeschlos-
senes System aufbaute, das durch die Tiefe und Kühnheit
der Ideen mit Staunen erfüllt. nahm den feurigen Jüngling
ganz gefangen; was S a i n t - M a r t i n's dämmernde Beschau-
lichkeit und der räthselselige Jacob B ö h m e für Franz
B a a d e r waren, sollte Meister E c k h a r t für Lasaulx werden: der Grundstein einer neuen Aera der Philosophie.
Aber der Meister E c k h a r t war damals ein mit sieben
Siegeln verschlossenes Buch — und ist es noch, trotzdem
dass Franz P f e i f f e r, freilich erst vor einigen Jahren, den
ersten Theil seiner gesammelten Schriften publicirt hat. *)
Damals waren die Handschriften, die Eckhart's Tractate.
Sprüche und Reden enthielten. zum guten Theil noch völlig
unbekannt; das Wenige. was die fleissigen Autoren des
vorigen Jahrhunderts davon gesammelt hatten. war unzu-
verlässig und unbrauchbar. Lasaulx machte sich nun auf
die Sucherfahrt und ging, nachdem er bereits zu Coblenz
und in der Münchener Bibliothek ansehnliche Schätze erho-
ben hatte, mit noch gesteigerten Hoffnungen im Beginn des
Frühlings 1830 nach den österreichischen Klöstern St. Flo-
rian, Kremsmünster, Mölk. Göttweih und Kloster-Neuburg,
es war ein „iter monasticum" im Kleinen, wie einst M a -
b i l l o n durch alle Benedictinerstifte gemacht hatte, wobei

---

*) Der nahe an 700 Seiten umfassende Band bildet den II. Theil
von P f e i f f e r s deutschen Mystikern. Lpz. 1857. b. Göschen.

Lasaulx auch sonst noch manchen Fund in den alten Büchereyen erhob; die nicht unerhebliche Ausbeute in der Bibliothek zu Wien, wo Lasaulx im Herbste eintraf, bildete den Schluss. Als der Lenz kam, blieben diese Studien liegen, *) Lasaulx wanderte durch Steiermark und Kärnthen nach Venedig und von da ging es unwiderstehlich weiter nach Italien und nach Rom, wo er das Studium der Kirchenväter begann, die mächtigen Werke des Johannes Erigena, Peter Abälard, Anselm von Canterbury und des Thomas von Aquin. Und da es unmöglich wäre, italische Luft zu athmen und sich der Kunst zu verschliessen, so genoss er in vollen Zügen die dort gesammelten Schätze, schwelgend wie ehedem Winkelmann, in den Werken der alten Zeit und jener des Rafael und des grossen Michael Angelo! Dazu verband er das Studium Dante's und mit leuchtenden Augen wusste er später und noch in seinen letzten Tagen von dem seligen Vierteljahr zu erzählen, das er in den sonnigen Gärten der Kloster-Einsamkeit zu Subiaco, einzig mit diesem Dichterheros beschäftigt, genoss. **) Zu Rom schloss er auch Freundschaft mit Bunsen und Platner, mit Cornelius und Overbeck, voraus aber mit Charles Letellier, einem höchst seltsamen Menschen, der mit grosser Treue an dem wundersam begabten, herrlichen, immer begeisterten und begeisternden Jünglinge hielt und ihm mit Rath und That beistand. Er empfing dafür die Widmung der ersten (1835) Schrift und später (1854) die der gesammelten Studien.

Unterdessen kam König Otto von Bayern nach Rom.

---

*) Vielleicht fühlte Lasaulx, dass er doch zu wenig der mittelhochdeutschen Sprache und ihrer Philologie kundig war, um an einen Abschluss und eigene Herausgabe zu denken; er übergab alle seine Copien später aus eigenem Antrieb an Franz Pfeiffer, welcher derselben in seiner Vorrede S. XIII auch dankbar gedenkt.

**) Nunquam cor meum — schrieb er 1835 — tam lassum erit atque defessum, ut recreari nesciat illarum recordatione dierum.

umgeben von einem Kreise bedeutender und gelehrter
Männer, denen Lasaulx sich anschloss und — nachdem er
hier, im Centrum der Welt, sein Herz gestärkt hatte an
der Wahrheit der Geschichte und noch die erhebende Weih-
nachtsfeier in St. Peter gesehen hatte — im Gefolge des
Königs mit nach Neapel und von da am 10. Januar 1833
nach Sicilien ging, Messina sah, Calabrien und Apulien
umfuhr und am 30. Januar zu Nauplia landete. Ueber
Tirynth und Mycenae's cyklopische Mauern und Argos kam
er mit einem Zug bayerischer Soldaten nach Korinth und
Megara, von wo er allein durch die in Trümmern liegenden
Herrlichkeiten, erfüllt von elegischen Gefühlen, nach Eleusis
und Athen pilgerte, von dort aber nach zweimonatlichem
Aufenthalte am 11. Juni unter Segel ging nach Konstan-
tinopel, der Siebenhügelstadt, wo er nach sechstägiger
Fahrt landete. Da nach der christlichen Wahrheit in der
ganzen neueren Geschichte keine merkwürdigere Religion
ist, als der Islam, so vertiefte Lasaulx sich hier, wo der
russische Consul ihn gastfreundlich aufnahm, in den Koran,
eilte aber dann weiter, durch den Hellespont, an Troja vorüber
nach Smyrna, wo er am 6. August ein türkisches Schiff
bestieg und über Chios, Rhodus und Cypern zu Joppe
am 1. September den lang ersehnten Boden des heiligen
Landes bestieg. „Es war in vergangenen Zeiten (schrieb
er an einen Freund), als das Christenthum lebendig in dem
Bewustsein der europäischen Menschheit war, nichts Unge-
wöhnliches, dass Christen aus dem Abendlande nach Palästina
pilgerten auf mühseligen und gefahrvollen Wegen; denn es
ist ein natürliches Gefühl, welches die Menschen antrieb,
jene Orte zu besuchen, die durch die Fusstapfen ihres
Erlösers geheiligt sind. Etwas von dem Geiste unserer
Voreltern hatte sich auch auf mich vererbt. Ich glaubte,
der Anblick des irdischen Jerusalems könne die Liebe zum
himmlischen, aller Christen Vaterland, nur stärker erregen;
denn wer freigeboren in Knechtschaft lebt, empfindet heftiger

was ihm fehlt, wie der Kranke den Werth der Gesundheit." Gleich bei der Ankunft zu Joppe erfuhr er die Gastfreundschaft der spanischen Mönche des hl. Franciscus. „Eingedenk, wessen Diener sie sind, heissen sie Dich als Bruder willkommen, und theilen mit Dir, was sie haben, ein reinliches Obdach, einen frischen Trunk, Brod und Früchte, etwas Fische und Gemüse. Es sind einfache Menschen ohne Falsch, ernst und heiter, wie es Priestern ziemt, die wie ihr Meister in Gebet und Wohlthun ihre Tage vollbringen. Wer sie auf seinem Lebensweg begegnet hat, wird ihr Andenken segnen. Von Jaffa sind vier Stunden nach Ramle, auch dort erquicken Dich dieselben Brüder. Da die Wege ohne Schatten, die Erde wie ausgebrannt und die Luft so trocken und glühend war, dass man lauter Flammen zu athmen glaubte, so beschloss ich, zur Weiterreise die Nacht zu benützen. Um 8 Uhr Abends verliess ich, von einem Araber begleitet, das Kloster und ritt einsam die Strasse, die nach Zion führt. Es war eine von jenen stillen Nächten des Lebens, in denen unsere Seele sich enger anschliesst an den Genius, der sie geleitet. Das erstgeborne Heer der Sterne glänzte freundlich an dem sanften, wolkenlosen Blau, gegen zehn stieg die abnehmende Scheibe des Mondes auf, und nach zwei, in der Richtung von Jerusalem, mein Lieblingsgestirn, der Orion. Bei dem Dorfe Kebab verliessen wir die Ebene und ritten zwischen felsigen Hügeln an den Trümmern von Emaus vorüber, durch ein enges, olivenbebautes Thal bis zum Fusse der öden Berge von Judäa. In fünf Stunden hatten wir diese erklettert und kamen, herabsteigend, sodann an einer verlassenen Templerkirche und weiter hin unten im Thal an bedeutenden Ruinen ehemaliger Klostergebäude vorüber. Mit Sonnenaufgang erreichten wir die nächste Höhe — da öffnet sich dem Blick ein unermessliches Leichenfeld von Felsentrümmern, die vom Sturmregen der Jahrtausende zerrüttet und ausgewaschen, wie aufgewühlte

Knochengerippe die ganze Hochebene bis hart vor die
Thore der hl. Stadt bedecken. Drei einsame Oelbäume
in der weiten Steinwüste und in der Ferne das oliven-
bekränzte Haupt des Oelberges sind der einzige Trost der
erloschenen Natur, an ihnen allein haftet die Hoffnung der
starren Augen, sie sind wie die Taube mit dem Oelzweig
nach der grossen Wasserfluth."

„Am 5. September 1833 Morgens 6 Uhr erblickte ich
die Zinnen der Friedensstadt, sie war ganz von einem
lichtgrauen Nebelschleier umflossen und über ihr hing eine
Gewitterwolke von den Strahlen der Morgensonne durch-
brochen; gleich als ob „ein Zorngericht Gottes die Tochter
Zion umwölkte." Zu weinen war ich hiehergegangen, heisse
Thränen und ein kalter Schauer meines Herzens waren
der erste, wolle Gott nicht der einzige Tribut, den ich
ihm darbrachte. Ich liess mein Pferd dem Führer und
schritt langsam und wie ein Träumender zwischen den ver-
schleierten Landfrauen, die Trauben und Feldfrüchte zur
Stadt trugen, durch das Pilgerthor; die lateinischen Mönche
im Kloster des Erlösers, dem allgemeinen Hospitium der
abendländischen Pilger, nahmen mich, wie Alle, die hier
anklopfen, auf's liebevollste auf. Mein erster Gang war
zur Kirche des hl. Grabes, wo ich drei Tage und Nächte
mit den Brüdern eingeschlossen blieb. Lateiner, Griechen,
Kopten und Armenier halten hier ohne Unterlass ihren
Gottesdienst, niemals verlöschen die Lichter des Altares,
niemals die Opfer der Priester. Wenn es möglich, dass
ein Verbrechen, wie kein grösseres zu denken ist, durch
menschliche Gebete gesühnt werden könne, so geschieht
diess hier: die Thränen der Gläubigen, die da von allen
Enden der Erde zusammenströmen, sind eine ununter-
brochene Expiation des ungeheuren Mordes, der an dem
Fürsten des Lebens begangen wurde. Und hier ist er auf-
erstanden. Das ist die entscheidende That, die wie ein
Blitz ausgeht und die Pforten des Todes zerschmetternd,

ewiges Leben trägt und Verständniss durch alle Zeiten vom Anfang bis zum Niedergang der Sonne. Wer die Auferstehung Christi läugnet, nimmt der Geschichte alles Transcendentale. Hier allein sind alle Schmerzen der Welt, die Schrecken des Todes selbst überwunden und verschlungen worden in den Sieg."

In prachtvoller Weise und in kurzen Zügen, in denen die ganze Vergangenheit heraufsteigt und sich mächtig abspiegelt, schildert Lasaulx sodann die traurige heilige Stadt; es ist ein Muster der Darstellung und voll poetischen Reizes. Als er von einem Ausfluge nach dem freundlichen Bethlehem spät Abends zurückkehrte, begegnete ihm eine Hochzeit: „Voran zog ein Chor von Knaben und Mädchen, die in eintöniger melancholischer Weise Worte sangen, die ich zuerst für ein Grabeslied hielt, dann erschien der Bräutigam festlich geschmückt und von fackeltragenden Freunden gefolgt, endlich die Braut. Sie war in ein langes Purpurgewand gehüllt, ihr Haupt trug eine goldene Krone und die herabfliessenden Zöpfe waren mit Goldmünzen durchflochten; weissverschleierte Frauen mit säugenden Kindern an der Brust folgten ihr. Alle wiederholten in lautem Gesang die Schlussworte des Brautliedes. An den Häusern der Strasse goss man Rosenwasser auf die Vorüberziehenden. Ich nahm eine Fackel und begleitete den Zug bis zur Wohnung des Bräutigams."

Lasaulx besuchte noch die Stätte von Jericho und das todte Meer und die grünen Ufer des Jordan. Die unterdes en in Jerusalem ausgebrochene Pest trieb ihn zur Rückreise über Samarien nach Galiläa. „Noch einmal ging ich auf den Golgatha und zum Grab, und nahm dann einen letzten Blick von dem Ort der Himmelfahrt auf der Spitze des Oelberges. Schweigen und ein namenloser Geist der Leere ist rings, so weit Du die Augen aussendest, dem verblichenen Antlitz der Natur wie ein fahler Leichenschein aufgedrückt; die Stille, die hier herrscht, ist nicht Ruhe,

sondern innere Verlassenheit, das Leben hat sich aus dieser
Natur zurückgezogen. Niemals habe ich etwas Aehnliches
empfunden. Nur der ewig klare Himmel, der sich über
dieser Erde ausspannt, ist unveränderlich geworden."

In den heissen Nächten trug Lasaulx sein Lager oft
auf die obere Terrasse des Hauses, mit der innersten
Ergriffenheit sprach er später noch oft davon: „Diese Nächte
waren von einer wunderbaren Schönheit, was Zabismus sei,
habe ich da oben erlebt; die Seele aufwärts gerissen zu
den Gestirnen und eingehend in die stille Rotation des
Himmels, trinkt hier in langen Zügen astralisches Feuer."

Mit dem Eindruck tiefer Trauer und Wehmuth über
die furchtbare Erfüllung des alten Bannfluches, womit Gott
dieses Land, das vor Ihm ein Lustgarten, aber nach Ihm
wie eine wüste Einöde ist, geschlagen und seine Bewohner
heimathflüchtig und ruhelos unter alle Völker der Erde auseinander geworfen hat — aber auch voll Zornes über die
Mächtigen Europas, die nach dem Sturz der lateinischen
Waffen alles gethan haben, um das bittere Wort Dante's
zu verdienen, wenn er die Wiege des Christenthums das
Land nennt, welches der Sultan beherrscht — zog Lasaulx
von dannen. Beim Eintritt in die Stadt Sichem wurde
er von einem heftigen Fieber ergriffen, so dass er nur der
Gastherberge eines Arabers und der Pflege einer christlichen samaritischen Jungfrau Namens Ajescha, die er in
herzlichster Dankbarkeit nimmer vergass, sein Leben ver-
dankte. Kaum genesen, warf ihn das Fieber wieder zu
Nazareth darnieder und zuletzt noch einmal zu Sidon,
so dass Lasaulx so eilig wie möglich das Land zu verlassen
trachtete, das nächste Schiff bestieg und nach Italien flüchtete.
Den armen Franciskanern in der heiligen Stadt und wo sie den
Pilger überall so gastlich beherbergt, blieb er immer dankbar
gedenk und war Einer der ersten, der für sie die Stimme
erhob, als Guido Görres einige Jahre darauf die Samm-
lungen für die Wächter des heiligen Grabes begann.

Nun, nach fast sechsjähriger Abwesenheit, nachdem er
die Seele mächtig ausgedehnt und durch grosse Eindrücke
gestählt hatte, rief ihn sein Herz laut in die Heimath zurück;
er ging nach München, schrieb zur Erlangung des philosophischen Doctorhutes eine Abhandlung *) in zierlicher,
lateinischer Sprache, welcher herkömmlicher Weise das
Curriculum vitae angehängt wurde, heirathete am 30. Aug.
1835 die Tochter des Philosophen Franz von Baader und
ging als Professor der Philologie und Aesthetik nach Würzburg, wo er bald durch das Vertrauen und die Liebe seiner
Collegen ausgezeichnet, im Alter von fünfunddreissig Jahren
(1840) zum Rector magnificus gewählt wurde, ein ehrendes
Zutrauen, das sich dort und in München noch öfters
wiederholte.

---

*) De mortis dominatu in veteres. München. 1835 bei Cotta. 8.
Lasaulx nahm sie 1854 in die Sammlung seiner Studien auf, und bemerkte dazu, er würde sie jetzt nicht mehr so schreiben; was sie
Unreifes enthält, glaube er in den übrigen Abhandlungen genugsam
berichtigt zu haben. »Da jedoch auch sie des Guten mehr als des
Verkehrten darbietet, und da Freunde an ihr sich erfreut, Gegner
geärgert haben, so mag sie auch hier wieder zu beliebiger Benutzung
abgedruckt stehen.«

II.

Zu Würzburg schrieb Lasaulx zuerst einen Artikel über
Jerusalem und die Hüter des hl. Grabes, der in
den historisch-politischen Blättern *) abgedruckt ward als
eine Aufforderung an die deutschen Katholiken und alle
anderen Confessionen, die armen Brüder, die in ihrer Gastfreundschaft keinen confessionellen Unterschied kennen, zu
unterstützen. Die Folge ergab auch eine erhebliche Summe,
die Guido Görres in mehreren Raten an die hilfsbedürftigen
Mönche sandte. — Noch in demselben Jahre, bei Gelegen-
heit der unseligen Cölner-Wirren, schlug Lasaulx mit einer
kleinen Schrift los. **) Sie war in der ersten Aufregung und
mit einer solchen Hast geschrieben, dass die nassen Blätter
von der Feder weg in die Druckerei wanderten. Sie wird
wohl schwerlich der Vergessenheit entzogen werden, ihr
Verfasser fand es später selbst nicht der Mühe werth, sie
in seine gesammelten Studien aufzunehmen. Sie ist aber
für den Beginn seines politischen Auftretens nicht ohne
Bedeutung. Lasaulx hatte in allen Fragen eine vollendete,
abgeschlossene und selbstgewonnene Anschauung. Eine Ver-
einbarung mit anderen Ansichten war nie möglich, seine
Grundsätze waren zu fertig und feststehend in ihm, als dass

---

*) 1838. II. 241—48. u. Studien S. 504—510.

**) Kritische Bemerkungen über die Cölner Sache. Ein offener
Brief an Niemand den Kundbaren u. das urtheilsfähige Publicum von
Peter Einsiedler, herausgegeben von Ernst v. Lasaulx. Würzburg,
b. Stahel. 1838. 46 S. 8.

ein momentanes Zugestehen gegentheiliger Ansichten ihm
möglich gewesen wäre; er liess ihnen das Recht der Existenz,
aber die Wahrheit war für ihn nur eine ganze, nie eine
halbe oder theilweise. Dasselbe Motto, welches Guido
Görres einst einem jungen Freunde in's Stammbuch schrieb:
die Zeit brauche ganze Männer, die sich eher in Stücke
hauen liessen. ehe sie ein Haar breit weichen, passt ganz
auf Lasaulx. Ein Streit war unnütz mit ihm und konnte
nur zu einem Principienkampfe führen, der immer ernst
und heftig wurde, er handhabte dann das doppelschneidige
Schwert einer ächt socratischen Ironie und aristophanischen
Spottes, der den Getroffenen gewiss dem allgemeinen Ge-
lächter preisgab. Die Waffe blitzte jedoch selten hervor
und nur wo die Eitelkeit oder die offene Böswilligkeit selbst-
genügsam sich blähte und hochmüthig einherging, fiel der
versehrende Hieb. Er kannte nur Hassen und Lieben, aber
kein neutrales Mittelunding; wer nicht das Schlechte zu hassen
vermöge, sei nicht im Stande, das Gute unendlich zu lieben.
Dieses sein Wort erinnert an die Zeitgedichte Wilhelm
Wackernagel's (Basel 1843), der an einer Stelle singt:

Herr Gott Vater, ich danke Dir,
Dass noch fähig zu hadern;
Haftet Mark in den Beinen mir,
Blut mir rollt in den Adern.

Doch lobpreisen und danken auch
Soll ich, dass im Gemüthe
Noch die Liebe nicht ward zum Rauch,
Nicht zu Asche verglühte.

Schon wölbt höher die Stirne sich,
Aber gegen das Schlechte
Mag noch immer ich jugendlich
Laut verfechten das Rechte.

Und wo der Dünkel des Unverstands
Pocht, ihm selber genügsam,
Bin ich noch heute ein Jüngling ganz
Unschmiegsam und unfügsam.

Herr Gott Vater, ich danke Dir,
Dass ich glaubend erfassen.
Dass ich stossen noch kann von mir,
Noch kann lieben und hassen.

Und so hat Lasaulx sich auch bewährt bis in seinen
letzten politischen Streit, und seine Gegner, wenn es ge-
bildete Leute waren, hielten ihn seines Charakters und
seiner Selbständigkeit wegen hoch und in Ehren, er ver-
kehrte auch gerne mit ihnen und in wissenschaftlichen
Fragen hat er nicht selten, zu ihrer Verwunderung, bei
ihnen nachfragend und Rathes erholend angeklopft und dann
immer mit einer tauschenden Gegengabe gelohnt. Für jede
Idee, die ihm geboten wurde, setzte er eine neue, schöne
und überraschende und so flocht sich oft ein Band der
Freundschaft, welches stark blieb trotz der verschieden-
färbig auseinander laufenden Politik.

Im Jahre 1840 gab Lasaulx die erste Abhandlung über
das pelasgische Orakel des Zeus zu Dodona heraus,
welcher sich nun in rascher Folge mehrere anreihten: 1841
über die Sühnopfer der Griechen und Römer und
ihr Verhältniss zu dem Einen auf Golgatha, dessgleichen über den Sinn der Oedipussage; 1842 die
wundervoll abgerundete kleine Studie über die Linos-
Klage und über die Gebete der Griechen und Römer;
1843 der Fluch bei Griechen und Römern, ferner
Prometheus, die Sage und ihr Sinn; 1844 über den
Eid bei den Griechen und eine zweite Abhandlung über
den Eid bei den Römern.*) Sie tragen, wie alle seine

*) Früher wurde den Lectionskatalogen immer eine Abhandlung

Arbeiten, eine hohe kunstvollendete Form, ja einige sind
geradezu unübertreffliche Muster der Darstellung. Wenn
Geibel sagt, dass der wahre Poet streben müsse, auch
dem beschwerlichsten Stoff durch vollendete Form ein
Lächeln abzugewinnen, so ist das ganz auf Lasaulx anzu-
wenden, der, wie Plato, auch ein Poet und Philosoph zu-
gleich war. Lasaulx hatte eine Elasticität des Geistes, die
hingereicht hätte, um mehr als ein Dutzend müheselig krap-
pelnder Philosophen, die ihre speculativen Spinnenfäden
über Registraturkästen hängen, damit zu versorgen; die
Phantasie schoss ihm die Ideen vor, die sein klarer Geist
zu farbenprächtigen Formen krystallisirte. Lasaulx arbeitete
immer mit einem enormen und mit ungeheurem Fleisse
gesammelten Material, aber es lag unter ihm und er be-
herrschte den völlig überwundenen Stoff. Die plastische
Schönheit der Idee sprang stets hervor, häufig verstärkt
durch eine elegische Stimmung oder eine ganz dramatische
Wirkung. In dieser Weise erreichte er eine wahre Künst-
lerschaft der Darstellung. In seiner Aesthetik setzte Lasaulx
die künstlerische Prosa als die letzte, zur Entwicklung ge-
brachte und darum auch höchste und schwierigste Kunst. *)
Dieselben Gesetze der organischen Entwicklung liegen der
Prosa zu Grunde wie der Poesie. Die griechische Prosa

vorausgeschickt oder beigegeben; mehrere der Lasaulx'schen Studien
erschienen so zuerst gedruckt. — Aus den gerade zur Hand liegenden
Verzeichnissen geht hervor, das Lasaulx im Sommersemester 1841
griechische Literaturgeschichte las und über den Agricola des Tacitus; im Sommer 1842 gleichfalls griechische Literaturgeschichte und
über die Germania. Im Winter 1843 las er über griechische und
römische Alterthümer, Literaturgeschichte von Homer bis Aristoteles
und über den Prometheus des Aeschylus; im Sommer setzte er diese
Collegien fort und fügte noch eine Vorlesung über Cicero de legibus
dazu. Im Winter 1844 las er Archaeologie der Griechen und Römer,
Literaturgeschichte und Sophocles Oedipus, im Sommer röm. Lit. u.
Agricola.

*) S. Philosophie der schönen Künste. 1860. S. 196.

habe mit religiösen Cultusschriften begonnen, welche auf
dem Gebiete der Prosa das waren, was auf dem Gebiete
der Poesie die alten Cultushymnen; „sie entwickelte sich
weiter zur Logographie und Historiographie, die in ihren
Keimen aus der epischen Poesie herauswuchsen; sie schritt
dann fort zur Philosophie, deren Anfänge mit der lyrischen
Poesie zusammenhängen; und sie erreichte ihre Vollendung
in der politischen Beredsamkeit, die wie das Drama vorzugsweise ein Erzeugniss des attischen Genius ist. Die
drei Hauptgattungen der Prosa, Geschichtschreibung, Philosophie, Beredsamkeit, welche in dieser Reihenfolge auch
historisch sich entwickelt haben, entsprechen also genau
den drei Hauptgattungen der Poesie, Epos, Lyrik, Drama:
sie sind in der Prosa, was jene in der Poesie." Ganz derselbe Gang der Entwicklung zeigt sich auch bei den mo-
dernen christlichen Völkern des Abendlandes, deren Bildung
auf antiker Grundlage ruht: in den mittelalterlichen Chro-
niken, in der scholastischen Philosophie und in der neueren
politischen Beredsamkeit. *) Die Poesie habe nur eine
subjective Einheit, die Prosa aber soll die den wirklichen
Thatsachen zu Grunde liegende objective göttliche Einheit
erforschen und darstellen, ihre Aufgabe ist daher ungleich
schwieriger. Lasaulx belegt diese Theorie auch factisch mit
historischen Beispielen: „Das Geschichtswerk des Thukydides ist ein mannhafteres reiferes Kunstwerk als eine
Sophokleische Tragödie, auch seinem Inhalte nach, denn
es ist das Trauerspiel vom Untergange Griechenlands, nicht
bloss des Eteokles und Polyneikes; Platons Phaedon ein
tiefsinnigeres vollkommeneres Kunstwerk als irgend ein
Chorlied Pindars: die historischen Monographien des Sal-
lustius und die Werke des Tacitus sind grössere Kunstwerke als die Aeneis des Virgilius; Bossuet's Ueberblick
der Universalgeschichte ist ein unvergleichlich grossartigeres

---

*) S. 198.

Kunstwerk als alle Tragödien von Corneille und Racine; Raumer's Geschichte der Hohenstaufen, was immer an ihr auch näselnde Kritiker tadeln mögen, ein so schönes Kunstwerk als das schönste der Schiller'schen Dramen; Alexander von Humboldt's Kosmos und die letzten religiös-philosophischen Schriften Schelling's sind nicht nur ihrem Inhalte nach, sondern auch an Vollendung ihrer künstlerischen Form gediegenere Kunstwerke als irgend ein Goethe'scher Roman. Dass es aber in allen Literaturen viel weniger prosaische Kunstwerke gibt als poetische, hat seinen Grund eben in der grösseren Schwierigkeit der künstlerischen Prosa. *) Die letzte sittliche Wirkung und der höchste Endzweck, welche grosse historische, philosophische und oratorische Kunstwerke auf das Gemüth des Menschen ausüben, sei nur in erhöhtem Grade derselbe, welchen alle echten Kunstwerke, überhaupt und insbesondere die wahren Tragödien hervorbringen: „Reinigung, Stärkung, Heiligung der empfindenden Seele, des erkennenden Geistes, des sittlichen Willens und des ganzen Charakters.“ —

Lasaulx hat diese Theorie an sich selbst bewahrheitet; doch lassen wir Jedem gerne darüber seine Meinung frei, denn es gilt auch hier das Wort des Dichters: „Wenn ihr's nicht fühlt — ihr werdet's nicht begreifen.“

Eigenthümlich und ganz von seinem strengen Rechts-gefühl bis in's Kleinste zeigend, war Lasaulx' Art zu citiren, die von Seite hämischer Krittler öfters dahin miss-deutet wurde, der Verfasser blähe sich mit seiner Gelehr-samkeit und trage zu viel Wissen zu Schau. Im Gegentheil, Lasaulx war von jedem Gelehrtendünkel weit entfernt, er ging bei seiner Weise zu citiren nur von dem Grundsatze aus, dass man Jedem, dem man einen guten Gedanken verdanke, auch die Ehre erweisen müsse, ihn zu nennen. Finde man, dass Einer und wenn auch nur einen halben

*) S. 206.

Satz, kürzer, prägnanter und richtiger gegeben habe, als
man ihn selbst vordem zu denken im Stande gewesen, so
müsse dem Autor durch wörtliche Wiedergabe und Nenn-
ung des Namens die anerkennende Gerechtigkeit und Dankbarkeit widerfahren. Dabei genoss er häufig die Freude,
seine innersten Gedanken, die bei ihm gross gewachsen
waren, entweder im ahnungsvollen Beginnen bei entgegen-
gesetzten Naturen nachweisen zu können, oder sie völlig
ausgeprägt, als die letzten Resultate eines von dem eigenen
ganz verschiedenen Denkprozesses zu entdecken. Das setzt
freilich bisweilen eine aufopferungsfähige Selbstüberwindung
voraus, die von unbedeutenden Scribenten ohnehin nicht
verlangt werden kann. Aengstliche Gemüther konnten ihm
nie vergeben, dass er mit seltener Unpartheilichkeit ganz
fremdländische Naturen und Autoritäten zu Worte kommen
liess, wenn ihm ihre Gedanken nach dem jedesmaligen
Zusammenhang das Richtige zu treffen schienen.

Im Herbste des Jahres 1844 wurde Lasaulx von Würzburg, wo er drei Sprösslinge seiner Ehe verloren hatte, nach
München versetzt; früher war er bereits zum Mitglied der
Akademie ernannt worden. Aber auch in München warteten
seiner harte Schicksalsschläge, er begrub noch zwei kleine
theure Häupter seiner Familie, während das sechste, anhal-
tend kränklich, beständig zwischen Tod und Leben schwebte,
für dessen Erhaltung er hauptsächlich seinem Freunde
Dr. Joseph Heine dankte. In dieser Zeit, schreibt einer seiner
früheren Zuhörer, mag wohl manchmal die melancholische
Lehre der Alten von dem Neid und Wankelmuth der Gott-
heit, die Vielen das Glück vor Augen gehalten und sie dann
gänzlich zu Grunde gerichtet, an seine Seele gepocht und
ihre schwarzen Schatten über ihn gebreitet haben. Trost
und Erfrischung schöpfte er dann aus seiner akademischen
Berufsthätigkeit und später bot sich ihm auch die politische
Arena dar, um, wo nicht immer innerliche Befriedigung,
doch ein willkommenes Feld geistiger Thätigkeit zu finden.

In kürzester Zeit hatte Lasaulx die Herzen aller
Studenten gewonnen. Herr Speidel hat davon aus eigener
Anschauung ein schönes Bild von Lasaulx' erster Thätigkeit in München gezeichnet:*) „Etwas Jugendliches war
ihm selbst eigenthümlich. sowohl äusserlich als innerlich:
eine mittelgrosse. schlanke Gestalt, leicht und elastisch in
ihren Bewegungen; lang herabfallendes üppiges Haar vom
schönsten Braun. lebhafte. die Erregung des Moments wieder-
spielende Augen. schöner. milder Mund; nur störte anfänglich. aber nur anfänglich, das hohe Roth seines Gesichtes,
das mit der ungeberdigen Blutfülle des Mannes (und seinem
Herzleiden) zusammenhing. Dazu gesellte sich eine weiche,
volle und kräftige Stimme, in welcher eine eigenthümliche
Seele vibrirte. die unmittelbar zum Gemüthe des Hörers
sprach. Durch seine ganz correcte Sprache klang etwas
von dem anmuthigen Gesang der rheinischen Mundart.
Und nun begann er mit hinreissender Begeisterung. die auf
einer tüchtigen Kenntniss ihres Gegenstandes beruhte, das
klassische Alterthum auszulegen und das unvergängliche
Gute, Schöne und Wahre, das die alte Welt hervorgebracht,
an dem entzückten Sinn einer empfänglichen Jugend vorüber zu führen. Viele seiner Schüler werden dem verehrten
Lehrer immer dankbar bleiben für die Keime des Edlen,
die er ihren Seelen eingepflanzt. Und wie er ein tüchtiger
Lehrer gewesen. so war er auch stets bereit. seinen Schülern

---

*) Der von Dr. Speidel zu Wien im Vaterland Nro. 120 vom
25. Mai 1861 publicirte Nekrolog bietet viel Schönes, dabei enthält
er aber auch Ungerechtigkeiten, die weder dem Lebenden noch dem
Todten gegenüber zu verantworten wären: z. B. der Einfall, den Lasaulx'schen Schriften Oberflächlichkeit vorzuwerfen. Auch Dr.
Johannes Huber hat in seinem Nekrolog in der Allgem. Zeitung Bei-
lage zu Nro. 139 vom 19. Mai 1861 den Lasaulx'schen Schriften
»Philosophie und Wissenschaftlichkeit« absprechen zu müssen
geglaubt. Da bleibt natürlich nichts übrig. als den Herren zu ihrer
besseren Einsicht und Bescheidenheit Glück zu wünschen.

mit Rath und That an die Hand zu gehen. Er führte die Humanität nicht nur im Munde, Humanität war die Seele seines Wesens."

Als wir im Herbste des Jahres 1846 die hohe Schule betraten, war sein Name in Aller Munde und der hohe Mann mit dem mächtigen Lockenhaupte und der originellen Erscheinung genoss der allgemeinen Verehrung. *) Sein Vortrag übte die grösste Anziehungskraft und war seinen übrigen Collegen gegenüber wahrhaft unvergleichlich. Ueberall Wohllaut, vollendete Form und geglättete Eleganz, dazu eine Gediegenheit und wissenschaftliche Strenge. In seiner Encyclopädie des akademischen Studiums, in den Vorträgen über klassische Alterthumskunde und Aesthetik, über griechische und römische Poesie oder hellenische Philosophie und indische Weisheit — immer fusste er auf dem Boden des Historikers, aber sein Standpunkt war, wie in seinen Schriften, durchweg ein hoher, weit über die Niederungen des gewöhnlichen Lebens hinausblickender; und das Alles mit einem Adel der Seele, mit einer Noblesse der Anschauung, die begeisternd auf die Zuhörer wirkte. Wie herrlich wusste er das Verständniss der grossen tragischen Dichter zu entwickeln, wie ergreifend tönten die sophokleischen Chorgesänge in seinem Munde und der gewuchtige Ernst der aeschylischen Mysterien. Wie staunten die jungen Leute, die ihre Klassiker nur aus der Behandlung des Gymnasialstudiums her kannten, über das, was eine geistvolle Philologie zu erschliessen vermöge; welch'

---

*) »Sein Antlitz — schreibt ein Freund — gemahnte mich immer an eine edle Maske der alten klassischen Tragödie, an ein προς-ωπειον τραγικόν: hochgegipfeltes Haar, breite Wangen aus denen kleine, psychisch-leuchtende Augen sahen. Sein Gang war ganz aeginetisch.« Die beste und gelungenste Photographie ist offenbar die erste von Hanfstängel gefertigte. Wenige Jahre vor seinem Tode hat ihn Vogel von Vogelstein in Lebensgrösse als Kniestück gemalt; das Bild ist im Besitz der Familie und durch Photographie vervielfältigt.

ein lebenswarmes Bild erstand aus der Germania, welch'
eine Schönheit, welch' ein Reichthum von Ideen lag in den
mit dem Gymnasialabsolutorium so freudig bei Seite gewor-
fenen Klassikern. Von der Anziehungskraft, mit der Lasaulx auf die Studenten wirkte, zeigt der Umstand, dass
anfänglich der Hörsaal ein paarmal gewechselt werden
musste, weil dieser nicht im Stande war, die zudringenden
Jünglinge zu fassen und selbst in den grösseren Sälen
fügte es sich häufig, dass ein Theil der Zuhörer keine
Sitzplätze mehr erhielt. Lasaulx hatte damals immer ein
grösseres Auditorium, als wirklich in die Listen einge-
zeichnet war, denn damals herrschte noch die Sitte des
Collegienzwanges, man sollte keine anderen Vorlesungen
besuchen, als die vorgeschriebenen, an denen Jeder wohl
sattsam genug zu hören hatte, dazu mussten alle gleichen
Fächer zu denselben Stunden gelesen werden. So geschah
es denn häufig auf Kosten anderer Collegen, dass ihre
weniger anziehenden Collegia „geschwänzt" oder mit diesen
vertauscht wurden. Wenn ein geistvoller Franzose sagt:
„Ich möchte, dass die Gedanken in einem Buche folgten,
wie die Gestirne am Himmel, mit Ordnung und Harmonie,
doch bequem und in Zwischenräumen, ohne sich zu be-
rühren, ohne sich zu vermengen, und dennoch sich folgend,
übereinstimmend und sich reihend" — *) so ist damit Lasaulx'
Vortrag auf's beste gezeichnet. Auch hatte er den grossen
Gedanken Julian's adoptirt, die Lehrer sollten nicht
bloss Worterklärer, sondern auch sittliche Erzieher sein. So
wies er überall auf den ethischen Werth der alten Autoren:
Wie man zu jeder Zeit die grössten Geister aller Länder
und Zungen zu einem philosophischen Gastmahl laden
könne, um mit ihnen Gespräche zu pflegen, wie sie uns
und ihnen genehm sind und man sich erfreuen könne an

---

*) J. Joubert in s. Gedanken und Maximen, übersetzt von F.
Pocci. 1851. S. 453.

dem Weine von Schiras und der ewigen Sonne von Tebris. *)
Unvergesslich ist es uns, wie er z. B. in der Geschichte
der griechischen Literatur über Herodot und Thukydides
sprach und mit sichtlicher Rührung die Lebensregeln empfahl, die man aus dem Studium der letzteren schöpfen
könne: Dass keinerlei Mühe zu scheuen sei, um einer Arbeit
die höchste Vollendung zu geben; dass die Arbeit erst halb
gethan ist, wenn das Materiale gesammelt; dass man nie,
weder im grössten Buche, noch im kleinsten
Worte, mehr scheinen wolle, als man ist; endlich, dass Ruhm und Freiheit hoch, das Vaterland höher, die Wahrheit aber am höchsten zu
schätzen sei!

Es war damals, ohne dass er oder sonst Jemand eine
Ahnung gehabt hätte, seine letzte Vorlesung am 26.
Februar 1847. Als die Zuhörer am 1. März darauf an
die Thüre des gewohnten Hörsaales kamen, war zu ihrer
Verwunderung Folgendes angeschlagen: „Der k. Ministerial-
Commissär Hr. v. Braunmühl hat mir gestern Morgens um
halb zehn Uhr officiell mündlich angekündigt, dass Seine
Majestät der König geruht habe, mich zu quiesciren, wo-
durch meiner hiesigen Lehrfähigkeit ein Ziel gesetzt ist.
Da es mir demnach nicht erlaubt ist, meine Vorlesungen
persönlich zu schliessen, so sage ich hiemit meinen Herren
Zuhörern für die ausdauernde Theilnahme, die sie den-
selben bisher bewiesen haben, meinen Dank und ein herz-
liches Lebewohl! München, Montag den 1. März 1847.
Dr. Ernst v. Lasaulx."

Lasaulx hatte im Senat beantragt, „die Universität
als erste sittliche Corporation im Staate möchte den Mi-
nistern, die für die Sittlichkeit eingetreten, ihre Anerkennung

---

*) Vgl. die Vorrede an J. Heine zur Philosophie der Geschichte
S. 4, über »die ewige Sonne von Tebris«, vgl. ebendas. S. 132, An-
merk. 254.

zollen", der Antrag war in anderer Fassung angenommen,
die Adresse aber gar nicht abgegangen, so war der Antrag-
steller durch diensteifrige Geschwätzigkeit schon denuncirt
und von oben herab gemassregelt. *) Dieser Schlag, unver-
hofft wie aus heiterer Luft, brachte eine ungeheuere
Gährung unter die Studenten. eine Versammlung wurde
beschlossen, wohl die erste, welche der stummstaunende
Neubau und die darin docirenden Lehrer erlebten, eine
Deputation gewählt und eine Stunde darauf ging ein stiller
Zug von mehr als siebenhundert Studenten vor die nahe
gelegene Wohnung des geliebten Lehrers und brachte mit
einem dreimaligen stürmischen Hochrufe die Kundgabe der
innigsten Anhänglichkeit und Verehrung. Lasaulx bis zu
Thränen erschüttert. sprach dankend zum Fenster herab,
bat in seiner Sache keine Schritte zu thun und die Folgen
seines Schicksals dadurch nicht auch auf Andere zu ziehen,
sondern ruhig an unsere Arbeit zurückzugehen und unsere
Pflicht im Auge zu halten: Männer zu werden, die dem
Vaterlande nützen sollten. — Ein Theil ging weiter, ein
anderer kleinerer zog vor die Wohnungen von noch ein
Paar Professoren, die, wie es hiess, mit dem gleichen
Schicksal bedroht waren und später auch davon erreicht
wurden. Wo aber Lasaulx in den Strassen sich zeigte,
flogen Mützen und Hüte herab und ein paar Tage lang
folgte jedesmal ein schallender Hochruf, wie Mehrere bei-
sammen waren.

Die Scharte ward bald durch die Wahl in's deutsche
Parlament wieder gut gemacht, wo Lasaulx mit einer Un-
erschrockenheit, einem beispiellosen Muthe und einer Stärke
des Charakters kämpfte, die von allen Seiten anerkannt
wurden. Unendlichen Jubel erregte es, als König Maximilian den verehrten Mann, gleich nach seiner Rückkehr

---

*) Vgl. Kirche und Staat in Bayern. Schaffhausen. 1849.
S. 230, wo der Verf. (Dr. Strodl) den ganzen Hergang berichtet.

von Frankfurt, der Universität zurückgab; sein Lehrstuhl wurde mit Blumen und Gewinden geziert und ein Kranz lag auf dem Pulte.

In der Folge verliess Lasaulx nur einmal noch München einer grösseren Reise wegen, als er im Jahre 1852 nochmals nach Hellas zog. Er ging über Venedig und Triest nach Athen, von wo er Ausflüge nach Dodona und Delphi unternahm, vielleicht in der Hoffnung auf Ausgrabungen, die sich jedoch nicht realisirt zu haben scheinen, auch Thessalien und Albanien wurden durchstreift. Die Stimmung des Reisenden charakterisirt vielleicht der Satz in der späteren „Philosophie der Geschichte": *) „Das einst so schöne Antlitz der hellenischen Natur ist heute vielfach verblichen, ihre Berge sind verwittert, die Quellen versiegt, die Wälder vertrocknet, Staaten und Städte fast spurlos von der Erde verschwunden: die Stimme des Homer, des Aeschylus und Sophokles aber ist noch nicht verklungen, sie lebt wie die Stimme der Sibylla Jahrtausende fort, des Gottes wegen, der darin ist und nicht stirbt." —

Im Jahre 1846 erschien die Schrift über das Studium der griechischen und römischen Alterthümer; darauf 1847 die nicht durch ihren Umfang, aber durch ihren Gehalt höchst bedeutende Studie über den Entwicklungsgang des griechischen und römischen und den gegenwärtigen Zustand des deutschen Lebens, worauf wir später zurückkommen. Eine andere bereits begonnene Abhandlung über die Hetären unterblieb, nachdem der unglückselige Gegenstand des Anstosses für immer entfernt war, das dazu vorbereitete Materiale wurde dann später theilweise in die herrliche Abhandlung: Zur Geschichte und Philosophie der Ehe bei den Griechen. 1852, verwendet, welcher jedoch noch die merkwürdige Schrift: die Geo-

---

*) 1856. S. 139.

logie der Griechen und Römer, 1851, vorausging. Bald darauf sammelte Lasaulx alle seine früheren Schriften und Abhandlungen, welche zum grossen Theile, sehr bedeutend vermehrt, in einem eigenen Bande unter dem Titel: Studien des klassischen Alterthums, Regensburg 1854, 4., erschienen. Sie sind, wie seine erste Abhandlung, seinem Freunde Charles Letellier in Rom gewidmet; in dem schönen einleitenden Briefe spricht sich zuerst ein dunkeles Vorgefühl aus, dass diese Sammlung „vielleicht das Letzte sei, welches mit ungebrochenem Lebensmuthe auszuführen mir beschieden ist". Er hatte alle alten Schriftsteller, grösstentheils nach der Ordnung der Zeit im Zusammenhange gelesen und nach jenen Seiten des Alterthums, deren Erkenntniss ihn vorzugsweise interessirte, sorgfältig excerpirt. Er hatte noch Vorrath wohl für ein Dutzend weitere, die aber vor anderen Aufgaben zurücktreten mussten. Das bis jetzt Gelieferte habe, sagt Lasaulx in der Vorrede, unter den deutschen Philologen vielfachen Widerspruch erfahren, der ihn aber nicht veranlasste, etwas davon aufzugeben; er verstand meisterhaft den objectiv überlieferten Thatbestand möglichst unabhängig von seiner subjectiven Auffassung darzustellen, auch hatte er das gute Bewustsein, dieses bei den hier behandelten Gegenständen vollständiger und genauer als Andere gethan zu haben. „Das Gebiet der heutigen Philologie ist gross genug, dass sich darauf verschiedene Richtungen geltend machen können, und welche hievon die bessere und fruchtbringendere ist, mag die Zukunft entscheiden."

Beigegeben sind den „Studien" die von Lasaulx in der Frankfurter Nationalversammlung 1848—49 und in der bayerischen Ständekammer 1849—52 gehaltenen Reden und Anträge, wo er den ihm anvertrauten Posten als ehrlicher Soldat bis zu seinem Ende vertheidigt hat. „Dass dieses nicht ganz ohne Erfolg gewesen sei — setzte er damals bei und das gilt heute noch — haben mir achtbare Männer

aller politischen Partheien bezeugt; denn die politische
Freiheit, nach der wir Alle begehren, ist ein Kampf, bei
dem es vor allem darauf ankommt, dass er gerade,
offen und mannhaft ausgekämpft werde."

III.

In diese letzte Periode, die nach der zweiten griechischen Reise beginnt, fallen die unstreitig bedeutsamsten Schriften von Lasaulx. Es waltet ein divinatorischer Geist in ihnen, eine Grösse, aber auch eine Tragik seiner Anschauungen, die in kunstvollendeter Rundung an uns treten. Sie riefen, theilweise durch Böswilligkeit und Missverstand, meist Opposition hervor. Vieles reizt auch darinnen wirklich zum Widerspruch, doch blieb die Hoffnung einer besseren politischen Möglichkeit bis zum letzten Lebensathem als glimmende Gegenwirkung in der Seele des Verfassers lebendig, der, was sein ganzes System, sein Schaffen und Streben war, sicherlich noch nicht völlig mit sich abgeschlossen hatte. Was man immer dagegen sagen mag, er stand in diesen seinen Resultaten durch den historischen Hintergrund fest, die darauf gebauten Probleme mögen in Einzelnheiten schwanken — denn keinem Menschen ist es gegeben, die Neugestaltung der Zukunft im Detail zu erkennen; Lasaulx mochte im practischen Leben auf unser Ideal, die Wiederherstellung von Kaiser und Reich, nicht verzichten, aber sein theoretischer Glaube an eine Verwirklichung war nicht gross.

Der Grundgedanke seiner philosophischen Weltanschauung ist in der bereits 1847 publicirten Schrift über den Entwicklungsgang des griechischen und römischen und den gegenwärtigen Zustand des deutschen Lebens kurz niedergelegt. Er entwickelte darin den allmähligen Uebergang der antiken Verfassung vom ältesten Priesterstaat durch Monarchie, Aristokratie, Demokratie, Anarchie zur Fremdherrschaft und zum Untergang, dessgleichen den damit genau zusammenhängenden allmähligen Uebergang der antiken Gesittung, von strenger Frömmigkeit durch das Reich heiterer Grazie zur äussersten Corruption und Barbarei, endlich den ebenfalls damit genau übereinstimmenden allmähligen Untergang der Poesie und Kunst vom Hieratischen durch's Heroische zum Erotischen und zum Verfall, und den der Philosophie vom Pantheismus durch Polytheismus zum Indifferentism, Skepticism und Atheismus.

Das Schema, welches der Verfassungsgeschichte der hellenisch-römischen Völker und ebenso der keltisch-germanischen zu Grunde liegt, ist folgendes: Sie begannen mit einer hierarchischen Urzeit, machten dann gleichsam ein romantisches Mittelalter der Könige und Heroen durch, gingen dann in das Reformationszeitalter der Demokratie über und fielen, als die Demokratie ausartete, in die Zuckungen der Anarchie, welcher rohe Soldatenherrschaft und bei fortschreitender Corruption die Fremdherrschaft ein Ende machte.

Als eine mit dieser Idee nicht unmittelbar aber doch nahe verwandte Arbeit erschien 1854: der Untergang des Hellenismus und die Einziehung seiner Tempelgüter durch die christlichen Kaiser. Der Verfasser erkannte, dass unser europäisches Leben am Vorabende einer ähnlichen Katastrophe wäre, wie der Hellenismus im IV. Jahrhundert unserer Zeitrechnung, er sah diese Zustände fast wie ein Vorspiel unserer eigenen an *). Lasaulx

---

*) Merkwürdig sind die vordem wenig beachteten Nachrichten über die Porphyrsäule des byzantinischen Forums, über das Palladium des Constantin; nachdem Lasaulx die ganze seltsame Geschichte dieses Heiligthums dargelegt hat (S. 47 ff.) knüpfte er in seiner Weise auch die Hoffnungen oder Befürchtungen der Zukunft an dessen Wiedererhebung oder Verpflanzung.

schrieb dieses Werk mit seinem eigenen Herzblut; ich
erinnere mich noch seiner sichtlichen Bewegung, als er das
Manuscript in einer grossen Gesellschaft, wo sein innerster
Kern vielleicht weniger als er glaubte, verstanden wurde,
vorlas; er war so mächtig ergriffen wie bei seiner am
26. Juni 1857 zur Feier des Stiftungstages in d r Univer-
sitätsaula abgehaltenen Rede.

Vollständig aber und mit der schneidendsten Entschie-
denheit durchgearbeitet ist diese Idee in dem Buche, welches er selbst unter den Kindern seiner Gedanken für das
wohlgerathenste hielt und welches den Titel trägt: Neuer
Versuch einer alten auf die Wahrheit der Thatsachen gegründeten Philosophie der Geschichte
(München. 1856). Lasaulx fühlt das Altwerden der Menschheit (sagt ein geistvoller Kritiker darüber), *) ihn durch-
schauert das Herbstgefühl des ganzen Geschlechts; es ist
wie eine Grabrede für viele Völker, seine Prophetie klingt
wie Nornengesang und es blickt uns daraus an wie der
geistvolle Schmerz im Medusengesicht.

Es ist eine der gewissesten Wahrheiten. dass auch
die Völker sterben wie jeder einzelne Mensch. wenn der
Keim ihrer Individualität völlig entwickelt und erschöpft
und ihre Lebensaufgabe erfüllt ist; dass alle. auch die
glänzendsten Staaten und Reiche und alle Formen des
irdischen Lebens in dieser Welt des getheilten Seins, die
aus Sein und Schein gemischt ist, untergehen und ein
Ende haben müssen, ebenso wie die ganze Natur und Alles,
was entstanden ist und einen Anfang gehabt hat. Von
einer Höhe, von wo man grosse historische Fragen reiner
auffasst, stärker empfindet und klarer beurtheilt als in den
sonstigen Niederungen des täglichen Treibens, überblickt
der Verfasser den allgemeinen Lebensgang der Menschheit,
dieses Weltbaumes, an dem die einzelnen Völker nur Aeste

---

*) W. Menzel Lit. Blatt. 1857. Nr. 19.

und Zweige und die Generationen nur Blätter sind. Das
Leben in ihm stirbt nicht, nur seine Formen wechseln
und aus den abgestorbenen erstehen neue. Wenn ein
alterndes Reich in sich zusammenzubrechen beginnt, wenn
ihm die Herzkraft ausgeht, dann ergiessen sich über dasselbe neue Stämme, die, obwohl halb barbarisch, dasselbe
doch erfrischen und die im Rückschlag durch den Contact
mit der Civilisation veredelt und vorbereitet werden, um
die Träger einer neuen Staatenbildung zu werden. So
wurde Hellas von Rom überwältigt, Rom von den germanischen Stämmen; auf den Trümmern des Römerreiches, aus
der Kreuzung der keltisch-germanischen mit den pelasgisch-
italischen Völkern entstanden die romanisch-germanischen
Nationen, denen die Fortsetzung der europäischen Geschichte
in den folgenden anderthalb Jahrtausenden anvertraut wurde.
Aber auch dieses Leben ist in seinen politischen, kirchlichen, socialen, ökonomischen, wissenschaftlichen und
aesthetischen Seiten krank, morsch und faul geworden; die
Symptome der Verwesung werden überall nachgewiesen,
auch in der Kunst und in der Philosophie, der freiesten
und edelsten unter den Wissenschaften; die Religion war
ihr Ausgangspunkt, der Zweifel an ihr der Durchgang und
entweder die subjective Verzweiflung oder die objective
Versöhnung mit der Offenbarung ist ihr Ende.

Es ist ein oft beachtetes Naturgesetz: dass der Lebens-
baum alternder Völker in ähnlicher Weise verjüngt wird,
wie Fruchtbäume verjüngt werden. Wenn im Orient ein
edler Oelbaum alt zu werden und abzusterben beginnt,
so pflegen sie ihn dadurch zu erfrischen und zu ver-
jüngen, dass sie ihm einen jungen Zweig eines wilden
Oelbaumes einpflanzen: wodurch der absterbende zahme
Oelbaum verjüngt und der wilde Zweig gelähmt wird.
Dasselbe zeige sich auch in dem grossen Verjüngungspro-
zesse der europäischen Völkergeschichte. Lasaulx gesteht
freilich zu, dass unsere Vitalität noch nicht so vertrocknet

3

und erschöpft sei, wie in Afrika und Asien, aber ein sla-
visches Pfropfreis stellt er uns doch in Aussicht. — Es
ist das eine Idee, die gleichfalls ahnungsvoll in einem
unserer Dichter aufgestiegen, auch G e i b e l prophezeit einen

> . . . . . Kampf von unermessnem Leide
> Darin die Besten auf der Wahlstatt sterben;
> Der Slave wird zuletzt das Reich erwerben,
> Dass er auf Gräbern seine Rosse weide.
> Schon hör' ich als der Knechtschaft Siegesreigen
> Prophet'schen Ohrs den Klang von seinen Hufen —
> Ihr aber glaubt es nicht, und ich muss schweigen.
> So schwieg Kassandra auf des Tempels Stufen,
> Da sie im Geist sah Troja's Flamme steigen,
> Und Niemand hört es, dass sie Weh gerufen!

Das ist wohl ein sehr düsteres Prognostikon. Doch
tauchte auch bei Lasaulx eine leise Hoffnung auf, dass die
Geschichte unseres Geschlechts nicht immer nur wieder-
holen müsse, was schon dagewesen, dass vielleicht doch
der Anfang einer neuen Entwicklung schon begonnen, aus
der bessere Zustände hervorgehen könnten — aber das
verlangt Voraussetzungen, deren Erfüllung uns noch sehr
wenig näher gerückt sein dürfte. Noch heute ist das
Beste und Schönste an die den jungkräftigen germanischen
Stämmen ehemals eingepflanzte christliche Weltreligion
geknüpft; „wenn das drohende Schicksal der Zukunft sich
erfüllen und die verhängnissvolle Stunde eines letzten
grossen Völkerkampfes in Europa kommen wird, so kann
es keinem verständigen Zweifel unterliegen, dass auch
hierin der endliche Sieg nur da sein wird, wo die grössere
Kraft des Glaubens herrscht". —
Das ist ein oberflächlicher Versuch, die Lasaulx'schen
Grundgedanken, kurz zusammengefasst, wiederzugeben; von
da aus wird seine öffentliche Wirksamkeit und seine Stell-

ung in Frankfurt und in der bayerischen Kammer in vielen Dingen erklärlich; diese seine Maximen spielten in den kleinen und grossen politischen Fragen häufig durch und bedingten die oft ganz isolirt stehende Anschauungsweise, die von der kurzsichtigen Tagesmeinung, die ohne Steuer und Compass dahinfährt, leichter belächelt als in ihrer Tiefe begriffen werden konnte. — In der Folge erschien von Lasaulx noch die schöne Abhandlung über die theologische Grundlage aller philosophishen Systeme (1856), ferner die bereits genannte Rede zur Feier des Stiftungstages der Universität (1857), in der er mit väterlichem Wohlwollen zu den Herzen der akademischen Jugend sprach, dann das vielfach angefeindete Werk über Leben, Lehre und Tod des Socrates (1857), worin er den griechischen Weltweisen als einen Vorläufer dem Christenthum vindicirte. Sodann verfasste Lasaulx zur Feier des fünfzigjährigen Doctor-Jubiläums unseres unterdessen auch heimgegangenen Vaters Thiersch die schöne Schrift: die prophetische Kraft der menschlichen Seele in Dichtern und Denkern (1858), die mit zu den werthvollsten Weihgeschenken gehört, die dem greisen Philologen und Aesthetiker am Abende seines Lebens in Fülle von weit und breit überreicht wurden, worauf noch seine Philosophie der schönen Künste erfolgte. *) Die letzte Abhandlung über die Stellung Roms, ein Beitrag zur Philosophie der römischen Geschichte las der Verfasser in der Akademie, ihr Erscheinen im Druck sollte er jedoch nicht mehr erleben.

Schon früher waren zum öfteren schwere Mahnboten des Todes an ihm vorübergegangen und hatten ihn auf längere oder kürzere Frist, aber immer bedenklich, auf das

---

*) München, 1860. Dieses Buch ist vielleicht, wie im Gefühle seines Todes, zu frühe abgeschlossen; hier sind viele Lücken fühlbar. In seinem handschriftlichen Nachlasse finden sich hiezu auch die meisten Nachträge.

Lager geworfen. Sein Körper war überhaupt schon länger
ein Trümmerwerk, nur zusammengehalten durch die Energie
seiner Seele, durch die Kraft seines Willens, der ja „der
Mensch im Menschen, der Kern und Feuerherd
des Lebens" ist. Man sieht an Lasaulx, was der Wille
über die Natur vermag, und wie ein tüchtiger Geist den
Körper zu beleben und unter den widerstrebendsten Ver-
hältnissen auszubilden vermöge. Von früher Jugend mit
einem nicht für einen Redner passenden Organ begabt, hatte
er dieses Hinderniss zu beseitigen gewusst; wie jener alte
Rhetor ging auch er am Strande des Meeres und übte die
Stimme an der brandenden Fluth, bis sie klangvoll und
mächtig, wohltönig und rund zur vollen Verfügung stand.
Sodann hatte sein von einem milden Feuer immerdar be-
lebtes Auge durch nächtliche Studien gelitten und die
Pupille war so weit zurückgetreten, dass er der schärfsten
Gläser und zuletzt noch einer Linse zum Lesen im hohen
Grade benöthigt war. Er konnte sich mit dem Satze
Plato's trösten, dass das geistige Auge heller zu schauen
beginnt. wenn das leibliche sich verdunkelt. Auch zeigten
sich sehr frühe schon verdächtige Spuren eines organischen
Herzleidens. So schrieb er bereits im Mai 1830. am
Pfingstsonntag, in sein Tagebuch: „Schon seit einigen Tagen
fühle ich eine grosse Beklommenheit im Herzen und ich
dachte schon daran, dass ich einen Herzfehler habe, auch
meine Lunge ist gewiss angegriffen." Später stellte sich
zu Würzburg dieses Leiden mit einer Hartnäckigkeit
ein, dass jede Aufregung sein Leben gefährdete. Dazu
gesellte sich auch noch die Gicht, die sich in den letzteren
Jahren jedoch auf den linken Fuss warf. wodurch ihm seine
liebgewonnenen Spaziergänge — auf denen er einsam nur
von seinen Gedanken oder einem so getreuen Freunde, wie
Dr. Joseph Heine, begleitet sein mochte — unmöglich wurden.
Seit dem Abschluss seiner „Studien" hatte er beinahe
regelmässig jede Ferienzeit auf dem Schlosse Lebenberg

bei Meran verbracht. Hier, in wohlthuender Abgeschieden-
heit, im Anblick der schneebekrönten Mendelspitze, fand
er sich in die rechte Stimmung versetzt, an sein immer
planvoll geordnetes Material, die schaffende und gestaltende
Hand zu legen: und die verschiedenen Vorreden zu seinen
Werken, mit denen er seinen liebsten Freunden ein bleibendes
Ehrengedächtniss setzte, zeigten von der erhöhten und reinen
Stimmung, *) in der er sich jedesmal hier befand und zu
neuem thatkräftigen Leben erholte. Häufig klingt aber
aus diesen Vorreden auch eine Ahnung, dass die Tage ihm
nahe bevorstünden, „von denen wir sagen, sie gefallen uns
nicht," und in denen „die Jugend der Seele auf immer
entflieht". Längst war an ihm schon ein Abschliessen und
Zurückziehen in engere Kreise fühlbar; er hatte seinen
letzten Willen bestellt und sein Haus und Alles, was ihm
lieb war, geordnet, auch seine ausgezeichnete Bibliothek
musterte er, ausmerzend was für ihn keinen bleibenden
Werth hatte und unermüdlich die Lücken füllend. **) Als
er im vorigen Herbste von seiner Sommerfrische zurückkehrte, äusserte er mit wehmüthigem Vorgefühl, er sei wohl

---

*) So in der Dedication der „Philosophie der Geschichte" an
Dr. Heine: „auf der Veste zu Lebenberg, in wohlthuender Einsamkeit
und im Anblick der Mendelspitze, die wie eine ruhende Sphinx ernst
nach Südosten zurückschaut"... oder zu Ostern 1858 in der Schrift:
„die prophetische Kraft der Seele"... „wo die Mendola vor mir liegt,
eine urweltliche Sphinx, die den Scheitel leicht mit Schnee verhüllt,
eben von ihrer jüngeren Schwester träumt an den Ufern des Nils,
und durch die Magie ihrer ganzen Gestalt auch mich in eine Stimmung
versetzt, die ähnlich gemischt ist, wie die Seele von Propheten, wenn
sie weissagen." —

**) Sie wurde bereits von Sir John Dalberg-Acton in London
erworben. — Mit grosser Liberalität beschenkte Lasaulx oftmals arme
Schulanstalten mit den ihm entbehrlich gewordenen Editionen der
Klassiker, da er nur die anerkannt besten Ausgaben, nach denen er
zu citiren pflegte (vgl. deren Aufzählung in der Einleitung seiner
„Studien") als Handexemplare behielt.

zum letztemmal in dem trauten bayerischen Stüblein der
Lebenbergerburg gewesen, sein Fussübel werde ihm keine
so weite Fahrt mehr gestatten; als er dann im weiteren
Verlauf bemerkte, er gebrauche dagegen sehr bedeutende
Gifte und einer der Anwesenden überrascht auf die Ge-
fährlichkeit solcher Curen hinwies, entgegnete Lasaulx ruhig:
„Der sie mir gegeben versteht die Sache besser als wir."
Im Winter kam eine gefährliche Lungenentzündung über
ihn, von der er sich scheinbar nochmals erholte und seine
Collegia fortsetzte.

Als er am 15. März ds. Jahres auf dem Lehrstuhle
stand, war es auch das letztemal, dass er zur akademischen
Jugend redete. Er sprach merkwürdiger Weise über den
Schlaf, „der die Wurzel des Lebens restaurirt," über die
krankhaften Zustände der Schlaflosigkeit und über den
Traum. Dabei sprach er das räthselhafte Wort: „Wer
den Schlaf gehörig erfasst und erkennt und würdigt, hat
den Dingen so ziemlich auf den Grund geschaut." Dann
definirte er die drei verschiedenen Ansichten über den Tod,
die materialistische, die wohl eine ganz respectable
Kraft verlange, um mit ihr das Leben zu schliessen; die
spiritualistische, welche auf ganz bedeutende Geister
einen grossen Reiz auszuüben im Stande gewesen; zuletzt
die sogenannte christliche, dass die Seele vom Leibe sich
trenne und speciell fortdauere, eine Ansicht, die nicht
geradezu spezifisch-christlich genannt werden könne, da sie
grosse Männer längst vor dem Christenthume zuversichtlich
geglaubt und gelehrt hätten und die des Menschen so ei-
gentlich erst würdig wäre. Darauf schloss er wörtlich:
„Mag Jeder von diesen drei Ansichten wählen, welche er
immer will, er möge aber bedenken und überlegen, ehe er
wählt; und sollte Einer thöricht wählen, so wird er doch
noch vor seinem Lebensende so viel Muth und Charakter
besitzen, dass er zur richtigen Ansicht zurücktritt." —
Lasaulx brach darauf früher ab, weil er zur Ständekammer

ging, um in der unglückseligen churhessischen Frage eine
Rede zu halten, die seine Kräfte über alles Mass in An-
spruch nahm und ihn neuerdings auf das Lager warf.
Wenige Tage vor seinem Tode äusserte er noch, er habe
seine Abhandlung „über Schlaf und Traum" in Gedanken
ganz ausgearbeitet und freue sich, selbe nach seiner Genes-
ung gleich zu schreiben; die Hoffnung „dieser specifische
Vorzug des Menschen", hielt noch sein Haupt, als der
Bruder des Schlafes schon an ihn trat.*) — „Die Herr-
schaft des Todes aber ist für uns gebrochen und in Sieg
verwandelt, denn was wir jetzt zwar mit dem Namen des
Todes belegen, ist nur ein Schlummer. Denn wie der Schlaf
nur ein Ausruhen ist nach den Mühen des täglichen Lebens,
so ist dieser letzte Schlaf nichts anderes als das langer-
sehnte Ende von der Angst und Unruhe dieses Lebens,
wenn wir, frei von den Fesseln der Zeit endlich das reinere
Element der Ewigkeit athmen werden." So schrieb einst
der Jüngling.**) Wir aber preisen ihn am Ende seiner
Tage glücklich, denn er konnte, wie Lessing, von sich
sagen, es gebe nichts Besseres, als wenn man sich bis zum
Ende bewähre, ein Gedanke, den auch schon unser
Walther von der Vogelweide kannte, wenn er sang:

„ezu wart nie lobelicher leben

swer sô dem ende rehte tout."

Lasaulx wurde von dem Könige Maximilian zuerst mit
dem Michaelsorden und zuletzt 1861 noch mit dem Civil-
verdienstorden decorirt.

---

*) † 9. Mai (am Tage von Christi Himmelfahrt) 1861.

**) De mortis dominatu in veteres, 1835, S. 76: „nam quam nunc
appellamus mortem, somnus est. Sicut vitae somnus quotidianae
requies est a diei laboribus, ita extremus ille somnus aliud non est,
quam diu desideratus finis auxiae hujus vitae inquietudinis, quum
temporis compedibus liberati libere tandem in puriori elemento prae-
sentis aeternitatis respirabimus".

IV.

Als es nun kam, dass (wie ein alter Dichter vom Heimgange eines Fürsten sagt) „ihm der Leib erstarb und die Seele genas" — da hatte Lasaulx mit seinen Arbeiten noch lange nicht abgeschlossen. Eine Fülle von Ideen lag in ihm, die er mit seiner eigenthümlichen goldenen Klarheit und jener ausdauernden Liebe, von der er selbst sagte, dass ohne derselben ihm nichts gelinge, *) ausgesponnen und vollendet hätte. Sein musterhaft geordneter Nachlass, aus welchem jedoch laut seiner letzten Willensäusserung nichts mehr gedruckt werden soll, zeigt umfassendes Material, welches, ohne von seinem leitenden Geiste beseelt zu werden, unmöglich verarbeitet werden könnte. Schon in einer seiner ersten Schriften verweist er auf eine spätere Abhandlung über Jerusalem und Rom, er sprach einmal im Colleg davon und insbesondere auf die Anfrage eines Zuhörers, auch in seiner Philosophie der Geschichte S. 127 hat er diesen Stoff neuerdings in Aussicht gestellt — sein letzter Vortrag in der Akademie „über die Stellung Roms" ist vielleicht als ein Fragment davon zu betrachten. Eine weitere Arbeit wäre über die Eleusinien gefolgt, immerdar aber ist es zu beklagen und ein unersetzbarer Verlust, dass Lasaulx seine lange in Aussicht gestellte Religionsphilosophie nimmer beginnen oder vollenden konnte. Ein grosser Theil seiner „Studien" ist als die Vorarbeit zu diesem Werke zu betrachten, welches die grosse Frage

---

*) Prophetische Kraft der Seele S. 3.

de Maistre's: „Wer wird uns die Mythologie von der
Seite erklären, dass in ihr alle christlichen Wahrheiten
vorbildlich erfüllt erscheinen" vollständig beantwortet haben
würde. Freilich hätte ein solches Unternehmen die Gegner
nur noch mehr herausgefordert, denn man wollte bis jetzt
schon genug Widersprüche in ihm gefunden haben und die
Einen verzweifelten oft ebenso sehr an seinem Christenthum,
wie er den Anderen seiner kirchlichen Orthodoxie wegen
verhasst war. Es ging sogar die verdächtigende Rede,
Lasaulx hätte den Empfang der kirchlichen Tröstungen
abgelehnt — in Wahrheit aber waren sie ihm auf sein
Begehren am Tage der Einsetzung des Abendmahles ge-
spendet worden. Lasaulx war Katholik, er kannte das
Christenthum im innersten Wesen wie Wenige, ohne dess-
halb vielleicht auf mehr äusserliche Dinge den Werth zu
legen, der manch frommer Seele wünschenswerth oder un-
umgänglich scheinen mochte. Er hing der Kirche an und
verfocht ihre Rechte mit dem ihm eigenen Muthe, das
Christenthum war das Element seines Geistes; was ihm
etwa als Fehl angerechnet werden könnte, war, dass er
das klassische Alterthum gegenüber der herrschenden Lehr-
meinung unserer Theologen, die nur den Judaismus gelten
zu lassen gewohnt sind, als eine gleiche Vorschule des
Christenthumes erkannte; die ganze antike Geschichte war
ihm ein ahnungsvoller Prodromos des welthistorischen
Opfers auf Golgatha. Wie die Linosklage ein Nachklang
vom Fall des ersten Menschen, so war ihm das grandiose
Mysterium vom gefesselten Prometheus eine Prophetie
des kommenden Erlösers und Socrates selbst ein helle-
nischer Vorläufer Christi, *) der nach Plato's Zeugniss, vier-

---

*) Diejenigen, welche beim Erscheinen des Buches über Leben,
Lehre und Tod des Socrates so ärgerlichen Anstoss an diesem Ver-
gleiche genommen haben, vergassen, dass der Verfasser (S. 100) nur
die menschliche Seite in der Natur des Gottmenschen mit dem hellenischen Weisen verglich; Lasaulx bemerkt ausdrücklich: „Es versteht

Jahrhunderte vor dem Erlöser, als Ideal des wahrhaft
Gerechten einen solchen aufstellte. „der ohne selbst irgend
ein Unrecht zu thun, den grössten Schein der Ungerech-
tigkeit habe. damit er ganz in der Gerechtigkeit sich bewähre; und der dann gefesselt. gegeisselt. gefoltert, geblendet
und nachdem er alle Leiden erduldet, zuletzt noch gekreu-
zigt werde. *) — Wer nunmehr den Socrates unter den
Propheten nicht leiden will. den muss man mit Hamann
fragen: „wer der Propheten Vater sei? und ob sich
unser Gott nicht einen Gott der Heiden genannt und
erwiesen hat." — Der Grundgedanke des Lasaulx'schen
Systems, der nicht immer mit gleicher Klarheit zu Tage
trat, war. dass das Heidenthum eine Carricatur der
Offenbarung; wie aber in jeder Carricatur eine wirk-
liche Wahrheit liege, so freute er sich aus den verzerrten
Zügen das ursprüngliche Ideal herauszugewinnen; dass er
dabei bisweilen von den christlichen Ideen zu viel in sein
geliebtes Hellas unbewusst übertragen haben mag. ist leicht
begreiflich. Und dann stiegen wohl auch die bleichen
Marmorbilder der klassischen Mythe und altindischer Weisheit vor ihm auf. belebten sich im Morgenscheine seiner

sich von selbst. dass es hiebei nicht meine Absicht sein könne, den
Menschen Socrates mit dem Gottmenschen Christus, die göttliche
Stimme in dem einen. dem göttlichen Logos im andern, den Sohn des
Sophroniskos dem Sohne Gottes gleichstellen zu wollen" etc., wohl
aber ist es erlaubt, ja aufs unzweideutigste indicirt. den Menschen
Socrates mit dem Menschen Jesus Christus (Paulus ad Timotheum. I. 2,5)
ernsthaft zu vergleichen" u. s. w.

*) Lasaulx: Socrates, S. 121 (und prophetische Kraft, S. 23). —
„Ich meinestheils bezweifle auch nicht. dass. wie die ganze Vergangenheit ihrer Natur nach eine Vorerscheinung der Gegenwart und diese
der Zukunft ist: es eben darum auch in der Vergangenheit Persön-
lichkeiten geben müsse, welche als Vorerscheinungen künftiger Per-
sonen aufgefasst werden können; um so mehr, da alle in letzter
Instanz Kinder eines Vaters, also substanziell verwandt sind." .
Ebendas. S. 100.

schaffenden Phantasie und hielten ihn im Bann, bis der gefährliche Pact vor seinem Ende glücklich wieder zerriss. Es stürmte oft und entsetzlich in ihm und seine höchsten Probleme verdüsterten sich, um dann wieder glänzender hervorzutreten, denn es ist nun einmal unser allgemeines Schicksal in dieser Welt des getheilten Seins, „dass die Wahrheit nur langsam und allmählig dem Irrthum abgerungen werde, den Jeder mit zur Welt bringt und der eben überwunden werden soll".*) Aber die Einfachheit und Lauterkeit seines Gemüthes, seine Reinheit und religiöse Strenge des Denkens, die er seinen Schülern so dringend empfahl und selbst in höchster Weise übte, half ihm wieder zurecht. So ist Lasaulx vielleicht doch der Vorkämpfer einer neuen Auffassung des Heidenthums, das unsere Religionsphilosophie über dem Judenthum stiefmütterlich behand lt hat.

Diese, man könnte sagen theologische Bedeutung Lasaulx' wird erst später zur Würdigung kommen und dann noch manch' anderer Satz, den seine Dichterseele im prophetischen Vorgefühl und Schauen ausgesprochen hat — und an den wir noch nicht glauben mögen. — „Es ist kaum eine im Christenthum ausgesprochene Wahrheit, die nicht substanziell auch in der vorchristlichen Welt gefunden würde." Unsere Aufgabe wäre es demnach, die grosse Bildersprache zu entziffern und die verkleidete Räthselwahrheit ohne Schleier zu schauen. Dieselben Resultate, die Lasaulx aus der hellenischen Sage geholt hat, lassen sich auch in der indischen, altnordischen und in der deutschen Mythologie erweisen, die Kritik ist dabei ebenso gefährlich, nur das Material unvergleichlich sparsamer, die Ergebnisse aber dieselben. — Wie er von Socrates (S. 23) sagt, so stand auch Lasaulx „seinen Zeit-

---

*) Vgl. Lasaulx: Theologische Grundlage aller philosophischen Systeme. S. 22.

genossen gegenüber, wie ein Berg, dessen Gipfel hell im
Sonnenlichte glänzt, während die Menschen an seinem Fusse
noch in tiefe Schatten gehüllt sind".

Bei längerem Leben hätte Lasaulx unzweifelhaft sein
ganzes System zum Abschluss gebracht, das unvergleichlich
dastünde in der Philosophie der Mythologie und in der
Physiologie und Biologie der Geschichte, und das sein politisches Gegenbild weit überragte! —

Man wird dieser Darstellung vielleicht den Vorwurf
machen, dass die Schattenseiten des grossen Mannes gar
nicht berührt worden seien und dass ohne solche kein
Lichteffekt erzielt werden könne; aber abgesehen davon,
dass wir niemalen absonderlich nach Effekten haschen
mögen, so bekennen wir doch gerne, falls es zur Beruhig-
ung der Gemüther dient, dass nur die Liebe, Verehrung
und Bewunderung die Feder geführt. Menschlicher Tadel
hat keine Macht über das Grab, ebenso wenig das Lob,
das für Heroen nie eine Schmeichelsalbe *) sein kann.
Nehmt ihn, wie er war, als einen ganzen Mann und als
einen edlen Mann und mäckelt nicht um Einzelnheiten,
denn auch von ihm gilt das Räthselwort: Er ist von
Vielen übertroffen worden und doch von Keinem
noch erreicht!

---

*) „sin lop ist nicht ein lobelin" sagt Walther von der Vogel-
weide, sein Lob ist kein Löblein, oder mit moderner Wendung, sein
Lob ist keine Schmeichelsalbe.

Schliesslich folge hier das schöne Gedicht, welches ein Freund des Verlebten, Professor **Friedrich Beck**, am 15. Mai dieses Jahres in der Gesellschaft der „Zwanglosen" zu E. v. Lasaulx' Gedächtniss sprach und welches, obwohl für einen engeren Kreis berechnet, dennoch auch auf alle weiteren Verehrer des Verblichenen dieselbe Wirkung üben wird:

Vereinsamt ist ein Sitz in unsrer Runde:
    Uns fehlt der theure Mann, der mit Bedacht
    Den gleichen Platz erkor zur gleichen Stunde.
Das Haupt dem Löwen gleich an Würd' und Macht,
    Die Haltung straff, das Auge feurig klar,
    Seltsam sein Wesen, seltsam seine Tracht,
Zur Schulter wallend dunkles Lockenhaar
    Mit Grau gemischt, indess im Antlitz Glut
    Und blühende Frische noch der Jugend war. —
So trat er ein, und brachte frohen Muth;
    Er bot die Hand zum Drucke dort und da,
    Und Jeder, der ihn ansah, war ihm gut.
Ja, warm um's Herz ward Jedem, der ihn sah,
    Wie kam diess wohl? Welch' einen Zauberhort
    Trug er für Alle, die ihm kamen nah'?
Was scheuchte bald den letzten Rückhalt fort,
    Und weckte traulich des Gespräches Leben,
    Wenn er erschien an jener Ecke dort?

Nicht war's sein Wissen bloss. Zwar ihm gegeben
   War reiche Kenntniss und Gedankenfülle,
   Und manchen Schatz der Forschung hob sein Streben.
Es war nicht diess allein. Was in der Stille
   Uns zog zu ihm mit mächt'ger Liebe Zug,
   Es war sein reiner, war sein edler Wille.
Er kannte keine Selbstsucht, keinen Trug;
   Fremd blieb ihm das Getriebe der Parteien,
   Von denen keine ihn in Fesseln schlug.
Fest stand er, um der Wahrheit sich zu weihen,
   Sie war's, die sich in seine Rede goss,
   Auch wo man ihn des Irrthums mochte zeihen.
Für Wahrheit war kein Opfer ihm zu gross;
   Wir denken dess', was Kühnes er gesagt,
   Als Menschenfurcht gar viele Lippen schloss.
Nun schweigt sein Mund! Diess Herz, das nie gezagt,
   Stand still; sein Geist verweilt in höhern Sphären,
   Zu denen er so oft den Flug gewagt.
Er schweigt; doch wirken wird sein Wort und währen
   Manch kräft'ger Ausspruch von der Welt Geschicken
   Und von den Künsten, die das Sein verklären.
Was geistig schön, es musste ihn beglücken,
   Ein Priester war er in der Vorwelt Hallen,
   Und ihre Sphinx, sie lag vor seinen Blicken;
Nun sind die letzten Schleier ihm gefallen,
   Er sieht im Licht, was dunkel noch hienieden;
   Und wir? — Uns unvergesslich bleibt er Allen,
Wir kämpfen noch: er ruht in Gottes Frieden!

Druck der Dr. Wild'schen Buchdruckerei (Parcus).